COUVENT DE NAGY-ATAD.

UNE RACE MAUDITE

I

Peu après la première croisade, vers l'an 1100, parurent en Europe des nomades d'origine orientale, courant la campagne, et n'ayant d'autres moyens d'existence que leurs métiers ambulants, les uns raccommodant les chaudrons, les autres tondant les chiens. Qui leur eût demandé leur pays n'aurait obtenu, dans une langue inintelligible, qu'une réponse vague. Tout ce qu'on pouvait tirer d'eux comme renseignements, c'est qu'ils traversaient le monde, venant ils ne savaient d'où, allant ils n'auraient pu dire dans quelle direction.

Comme c'était l'âge des grandes aventures, personne ne les inquiétait. Leur existence même eût été généralement ignorée si un moine autrichien n'en avait fait le sujet d'un poëme, qui était, sous forme de chronique, une version libre de la Genèse. Le poète y racontait entre autres épisodes les souffrances d'Agar et d'Ismaël dans le désert, et comment le fils d'Abraham et de l'Egyptienne donna naissance aux Ismaélites, premiers ancêtres des Arabes. A ceux-ci se rattachaient ces inconnus, n'ayant pour guides dans leur marche que les étoiles du ciel, ne campant nulle part, n'ayant point de foyer et rapinant partout sur leur chemin. Quelques-uns, les femmes principalement, disaient la bonne aventure ; les autres, sous prétexte de demander de l'ouvrage, entraient dans les fermes et pillaient les poulaillers. Pendant trois siècles, ils traversent ainsi la Hongrie, l'Autriche, la Pologne, d'autres contrées. Vers 1380 on les signale en Chypre, puis, un peu plus tard, en Valachie. De 1417 à 1438 ils se répandent en hordes de plus de trois cents individus des deux sexes dans l'Allemagne, et de là pénètrent dans la Roumanie. On en voit de richement vêtus, beaucoup en haillons, mais tous ont de l'argent. D'où leur vient-il ? Probablement du vol, car ils dépouillent sur leur passage églises et châteaux. Une troupe de 300 se porte vers la Baltique et on les rencontre en Scandinavie. Ils se prétendent issus de sang noble, ont avec eux des lévriers et montrent des sauf-conduits scellés aux armes princières et royales, entre autres celles de l'empereur Sigismond. Ces mêmes aventuriers se voient en Suisse vers 1420, à Bologne en 1422, à Paris en 1427. Pendant ce temps une seconde tribu, à peu près aussi nombreuse, suit leur trace, arrivant de Hongrie en 1423 ; une troisième en 1438. Ils racontent unanimement que les Hongrois les ont défaits dans diverses batailles ; de 4000, il n'en est resté, ajoutent-ils, que quelques centaines ; le pape, en expiation de leurs péchés, leur a imposé, assurent-ils, pour pénitence, un pèlerinage sans but de sept ans, avec interdiction de coucher dans un lit durant tout ce temps. Ils se sont soumis et accomplissent la sentence pontificale. On croit volontiers leurs histoires, d'autant plus que les Hongrois passent pour farouches et toujours en guerre, non seulement avec leurs voisins, mais entre eux. Quoi de surprenant que ces populations à demi sauvages aient expulsé de leur territoire ceux qu'ils ne pouvaient regarder que comme des envahisseurs et qu'ils confondaient peut-être dans une même exécration avec les Turcs ? Quant à la condamnation prononcée par le Saint-Père contre ces païens, elle obtient tout crédit, en des siècles où les âmes sont crédules et où nul ne doute de l'authenticité des légendes qui concordent avec celles du Juif errant. Car il y a une étroite analogie, pour les croyants, entre les crimes d'Ahasvérus et les actes que confessent ces nomades. Ils s'appellent en effet eux-mêmes Egyptiens et reconnaissent que leurs aïeux ont persécuté Joseph, Marie et l'Enfant Jésus, pendant la fuite en Egypte. C'est pour cela que leur race est maudite.

Autant de contes. Ce qui est plus probable, c'est que ce peuple des Pharaons (*Pharao nepeth*), comme le nomment les Hongrois, avait eu pour premier foyer l'Asie Mineure que les sultans tenaient sous leur domination en la désignant sous l'appellation de Petite Egypte, par opposition à la Grande Egypte d'Afrique. Quoi qu'il en soit, ces errants d'Europe sont mal famés. On les redoute, parce qu'on est persuadé qu'ils ont commercé avec le démon. Les sorciers n'ont pas de pire réputation. On les accuse d'avoir des pratiques secrètes et dans les procès qu'on leur intente parfois ils en conviennent, gardant cette renommée pour commettre plus facilement et plus sûrement leurs méfaits. Aussi, dans la seconde moitié du XVe siècle et au cours de tout le XVIe, redoublent-ils d'audace, continuant à infester les campagnes et poursuivant leurs vols avec une impunité que favorise la peur qu'inspire leur paganisme. Progressivement on les traite en proscrits ; ils ne vivent plus qu'en marge de la société, et par suite les lois que l'on édicte contre eux deviennent plus sévères. D'où la nécessité pour eux de se grouper en bandes et de se constituer en une nation ayant ses signes de ralliement dans les diverses contrées. Ils se concentrent, et, sans se fixer, se tiennent dans des pays déterminés, qu'ils ne quittent plus que sous l'empire de la force. Par là même ils sont plus dangereux. Certaines régions les craignent comme des fléaux. Il n'y a pas de voleurs de chevaux plus habiles et plus rusés. Le plus souvent ils font cause commune avec les brigands. Naturellement la société use à leur égard de représailles. Leur tête est mise à prix et ceux que l'on prend sont pendus, empalés, livrés aux plus cruels supplices. Les lois allemandes les frappent avec une rigueur qui dure jusqu'à la fin du XVIIIe siécle. Les garde-chasse ont le droit de les abattre à coups de feu comme des loups. Frédéric le Grand aggrave encore ces mesures, qui ont pour conséquence l'exode des nomades. L'Espagne catholique peuple ses présides de ces païens, chair à galères.

Malgré cela, la race survit. Ce qui la chasse mieux que la cruauté du bourreau, c'est l'impossibilité de plus en plus grande de se dérober aux regards, là où l'on dévaste les bois qui lui servaient jadis d'abri, où les champs, autrefois très étendus, sont coupés par des habitations. La civilisation, aussi, transforma les mœurs de ces nomades qui n'étaient restés pour elle que des ennemis. Traqués comme les bêtes des forêts, ils ne pouvaient qu'imiter les animaux sauvages et opposer la férocité à l'attaque. Quand les pénalités qui les menaçaient de toutes parts s'adoucirent, s'humanisèrent, on découvrit que leur organisation, jusqu'alors redoutée, pouvait servir de base à leur amélioration morale. Disons cependant que les expériences dans ce sens n'ont pas eu de succès. Le gouvernement prussien n'obtint aucun résultat avec sa colonie de bohémiens en Thuringe. Marie-Thérèse fit plus ; elle crut possible de faire de ses tziganes hongrois des familles sociales, voire bourgeoises. Elle leur facilita les moyens de se bâtir des habitations, de vêtir leurs enfants, de les envoyer à l'école, de les faire instruire dans la morale et la religion. Joseph II donna une méthode à cette idée. Il voulut que tous les tziganes renonçassent à leur existence nomade pour se livrer exclusivement à l'agriculture. Les propriétaires reçurent l'ordre de leur concéder gratuitement de petits lots de terres, avec autorisation d'établir leurs demeures sur la lisière des villages. Ce furent les *Cyigany vàros* (villes ou bourgs de tziganes). Mais, là aussi, l'intention généreuse et philosophique ne produisit guère de fruits : les tziganes préférèrent à toute faveur impériale leur liberté sans réserves : « Attendez, répondirent-ils, que l'on ait réussi à réunir sous un même sceptre d'homme, ou sous un même joug, tous les oiseaux de l'air. Pas plus qu'eux, nous ne voulons abdiquer notre liberté. »

II

Les savants, philologues et ethnographes, se sont beaucoup occupés de ces nomades. Après avoir accepté pendant tout le moyen âge les récits bibliques sur la descendance d'Ismaël et les traditions mystiques sur la malédiction des persécuteurs de la Sainte Famille, on fit, à partir du XVIe siècle et surtout dans le nôtre, des recherches linguistiques en vue de préciser les caractères et les sources de ces mœurs si différentes de toutes celles de l'Europe. Les Allemands et quelques Anglais s'appliquèrent activement à ces travaux. Les Français n'y furent pas indifférents. De l'ensemble de ces investigations scientifiques on pût conclure, grâce au remarquable esprit de synthèse d'Auguste-Frédéric Pott, que ces tribus errantes ont une parenté incontestable avec l'Inde et que leur langue est d'origine sanscrite. Leur dialecte primitif a subi toutefois des altérations, des corruptions, des changements considérables, par suite des contacts ethnologiques. Ce peuple inculte, se transplantant de pays en pays, a reçu nécessairement un très grand nombre de mots des différents vocabulaires qui ont retenti à ses oreilles. En outre, les communications plus fréquentes avec la basse classe de toutes les nations ont apporté à sa langue primitive une affluence incalculable d'expressions populaires, empruntées à l'argot en France, au *rothwelsch* en Allemagne, au *slang* en Angleterre, à tous les jargons.

Pott croit que ces nomades, appelés en Europe bohémiens, tziganes, etc., furent, à une époque qui n'est pas antérieure à notre ère, un peuple de l'Inde septentrionale émigré depuis en Perse, peut-être sur l'invitation des souverains de ce dernier empire. Les poëtes persans d'ailleurs et les historiens arabes s'accordent à dire que Bahram-Gur, qui régnait sur la Perse, de 420 à 430 ap. J.-C., fit venir dans son royaume dix mille *louri* indiens, habiles musiciens, et Firdouci, dans le *Shah-Nameh*, rapporte que ces *louri* se fixèrent dans différentes parties de la Perse, où Bahram Gur leur avait donné des terres et du bétail; mais ils ne tardèrent pas à dissiper ces biens. Alors le Shah, pour les punir, leur ordonna de mener une vie errante et de demander uniquement leurs moyens d'existence à l'exécution musicale. Ces *louri*, qui se retrouvent encore de nos jours en Perse, ne seraient autres que les aïeux des bohémiens, et cette opinion coïncide avec celle des écrivains arabes qui, même avant Firdouci, mentionnent la présence à Damas d'une tribu de *zouth*, ayant tous les caractères des tziganes. Suivant d'autres, ces errants dériveraient des Djatts qui habitaient sur les bords de l'Indus, en aval, jusqu'à son embouchure, et qui faisaient fréquemment des incursions en Perse et en Arabie. Ces Djatts étaient des pillards. Au IXe siècle, ils eurent à lutter contre les Califes qui les vainquirent et les transportèrent en masse dans l'Asie Mineure et jusqu'en Grèce. Au XIe siècle, ils sont en guerre avec les Arabes qui leur infligent plusieurs défaites. Puis ils reprennent le chemin de l'Inde et vont fonder dans la province de Delhi un État autonome, subjugué depuis par les Mongols, et de nos jours par les Anglais.

Pott, Bataillard, Paspati, Borrow, et plus récemment Schwicker, Miklosich, Avé-Lallemand, Gosche ont, avec quelques divergences théoriques, démontré tour à tour ces origines indiennes des nomades dont il s'agit ici. Borrow, qui les a étudiés de très près en Espagne il y a quarante-huit ans, et qui a vécu longtemps parmi eux pour ne rien perdre de ce qui les concerne et pour s'efforcer de les convertir, dit qu'ils demeurèrent dans la péninsule Ibérique vers le milieu du XVe siècle de notre ère et s'y multiplièrent rapidement. Ils y devinrent ces *gitanos*, qui firent souche. Pauvres, ils n'avaient aucune des vertus de la pauvreté, mais en pratiquaient tous les vices. Les hommes tondaient les chevaux et les mulets, forgeaient, raccommodaient les ustensiles, quelquefois guérissaient les bestiaux. Les femmes étaient danseuses ou diseuses de bonne aventure. Sans morale, ils ne connaissaient point d'obligations. Ils étaient la plaie de l'Espagne. Borrow épuisa tout son zèle à vouloir opérer leur conversion et dut y renoncer. Il leur reconnaît pourtant des qualités d'intelligence et de sentiment, mais il pense que leur résistance à toute éducation civilisée provient surtout de leur haine enracinée et implacable contre les habitants au milieu desquels ils vivent. La fierté de leur regard trahit les mouvements de leur âme. Les femmes sont généralement belles : leur physionomie est si expressive qu'on ne l'oublie jamais. C'est une race forte, solide et pure de mélange : on ne voit parmi eux que très rarement des individus difformes, estropiés ou chétifs. Ils habitent surtout les provinces de Séville et de Grenade, où ils échappent mieux à la surveillance des autorités.

III

La Hongrie est le seul pays où ils rendent des services. Le lavage de l'or, qui est une des ressources importantes de la contrée, leur était autrefois confié. Le gouvernement donnait à une troupe de tziganes ce privilège, sous condition de payer un tribut annuel, et leur chef était responsable de leur travail. Contrairement à ce qui existe dans tout le reste de l'Europe, les tziganes hongrois ne sont pas tous nomades ; il y en a un assez grand nombre de sédentaires. Les errants vont à travers champs, escortant leur chariot recouvert d'une bâche ; les femmes et les enfants, sales, en guenilles, sont portés par le véhicule, les hommes le suivent à pied. Quand ils arrivent dans un village, tous se mettent à l'œuvre, raccommodant les chaudrons et les poêles, prédisant l'avenir, mendiant ou volant. Les sédentaires sont les descendants de ceux qui fondèrent les *Cyigany varos* de Joseph II. Leurs villages offrent l'aspect de campements, car les tentes y sont plus nombreuses que les maisons. Cependant ces civilisés reviennent vite à l'état de vagabondage. La plupart quittent le *varos* au bout d'un ou deux ans ; beaucoup n'y passent qu'une partie de l'année, quand l'hiver les oblige à s'abriter. Ils ferrent les chevaux, travaillent dans les briqueteries, font les travaux que les paysans dédaignent. Leur grande occupation est de jouer du violon et d'autres instruments dans les fêtes et les noces. Le tzigane est en effet musicien d'instinct: et, grâce à ce talent que tous possèdent, ils sont célèbres, non seulement chez eux, mais dans toute l'Europe.

Le tzigane hongrois peut être considéré comme civilisé, celui de Pologne, au contraire, est un être dont la dégradation surpasse tout ce que l'on peut concevoir. Le gouvernement russe n'admet le séjour de cette population dans l'empire des tsars que par tolérance et parce qu'ils sont protégés par les popes, quoiqu'ils n'aient aucune religion. Ils vivent en groupes de cinq ou six familles, à l'écart, dans les bois où ils se creusent un trou qui leur sert de gîte et sur lequel ils élèvent un toit de branchages. Sous prétexte de faire du colportage dans les campagnes, ils volent le bétail et les troupeaux. Leur seule société est celle des charbonniers ou des malfaiteurs. Ces vagabonds polonais sont ce qu'il y a de plus misérable au monde.

Les bohémiens de race se retrouvent dans le Jutland et dans le Slesvig avec tous leurs signes caractéristiques, leurs mœurs et leurs inclinations. En Norvège, où ils se rencontrent sur les chemins qui mènent du sud au nord-est jusqu'en Finlande, ils pratiquent leurs métiers accoutumés : chaudronniers, emmancheurs d'instruments, maquignons, maréchaux-ferrants, rebouteurs, etc., mais pillards encore plus que le reste. Ils sont la terreur des campagnes par où ils passent et les paysans, pour se débarrasser d'eux au plus vite, leur donnent ce qu'ils demandent : vivres, fourrages et argent. Ces bohémiens norvégiens, au teint brun, ont formé des croisements avec les vagabonds blonds du pays, connus sous le nom de *Skoiern*. Ces unions se sont surtout effectuées dans les prisons, les maisons de correction, où la loi norvégienne n'est pas toujours rigoureuse pour les détenus. Il en est résulté des sortes de métis, qui sont détestés par ceux de race tout à fait pure. Ces derniers nourrissent contre les « transfuges » une animosité telle que l'on cite des cas où une bohémienne fut brûlée vive par sa tribu, pour avoir épousé un Norvégien. Quant à l'homme, il périt sous les verges, frappé à coups redoublés par les femmes et les filles, vengeant l'outrage fait à l'une d'elles.

Les bohémiens français ont presque entièrement disparu. Francisque Michel n'en constate plus la trace que dans les *cagots*. Les *gypsies* anglais, dont Walter Scott a fait une si magistrale description, ont cela de particulier qu'ils possèdent un royaume héréditaire, gouverné par un souverain, le pouvoir s'exerçant par les femmes, à défaut de successeur dans la ligne masculine. Ces *gypsies* ont si bien conservé les coutumes de l'Inde qu'en 1835, lorsque leur roi mourut, sa veuve voulut être enterrée vivante avec lui : la police anglaise dut intervenir pour l'en empêcher. Ils ont des lois propres qui sont, dans leurs principes, en conformité avec les préceptes de Védas : 1° ne jamais abandonner la tribu, rester fidèle à ses usages et ne pas abdiquer la vie nomade : 2° garder la foi conjugale et ne pas s'allier avec un étranger; 3° payer tout ce que l'on doit à ceux de la tribu, sans considérer comme obligatoires les engagements pris envers d'autres.

IV

Tous ces nomades, quel que soit le pays où ils paraissent, appartiennent manifestement à une même série ethnogénique. Les différences qui existent entre telle ou telle branche, la supériorité de telle tribu sur telle autre, par exemple celle des tziganes hongrois sur leurs congénères polonais, ne contredisent point la communauté originelle du type qui s'accuse dans les lignes du visage et dans la structure des membres. Mais ce qui dénote encore plus cette commune origine, c'est l'identité d'instinct et cette ténacité dans l'indépendance absolue sous tous les climats et dans toutes les circonstances. Borrow soutient que les bohémiens, gypsies, gitanos, tziganes, nomades de tous les pays, se comprennent, malgré leur diversité de prononciation et la corruption des idiomes. L'assertion ne saurait être prise évidemment au sens absolu, mais il est avéré que tous ces vagabonds qui sont l'un pour l'autre des *rom* (au féminin *romni*) ou des *calo* (noirs) par opposition aux autres Européens, ont dans leur langue (*romany tichis* ou *romantchi*) assez de termes semblables pour leur servir de mots de reconnaissance à travers le monde.

Le problème qu'ils soulèvent dans l'histoire des peuples est un des plus curieux à élucider. On n'est pas très sûr de sa solution, mais il y aurait peut-être intérêt à reprendre le sujet au point où en sont les découvertes linguistiques et ethnologiques.

Charles SIMOND.

LES BORDS DU DANUBE.

CHEZ LES TZIGANES (1)

I

J'avais pris à Agram le chemin de fer qui va de cette ville à Budapest, en passant par Zakany et les bords du lac Balaton. A Zakany une ligne d'embranchement local conduit dans le comitat de Somogy, où je devais me rendre pour y passer une dizaine de jours chez un ami.

Je montai dans un compartiment de troisième classe. Le train partit : nous traversâmes rapidement les fertiles campagnes qui avoisinent la ville. De tous côtés, à droite et à gauche, s'étendaient des verdures riantes, des prairies à l'herbe touffue, des champs de maïs dont les palmes fleuries ondulaient au vent comme des plumes de marabout. Et les pampres habillaient les collines beaucoup mieux que le tailleur, mon voisin, ne devait habiller ses clients.

De temps en temps, le calme paysage s'anime : c'est une couple de bœufs qui passent, attelés à une sorte de cangue qui emprisonne leur tête; ce sont, sous des chênes, des bergers qui dorment tandis que leurs chevaux broutent le gazon d'une clairière. Ces bœufs de Hongrie, à la robe argentée, semblent taillés dans le marbre, avec le modelé de la statuaire antique. On les dirait des-

(1) Extrait de l'ouvrage intitulé : *La Hongrie*, par Victor Tissot (librairie Plon).

cendus de quelque bas-relief de temple grec. Leur air doux et grave, leur marche lente et majestueuse, la beauté imposante de leur aspect, s'harmonisent admirablement avec ces grandes plaines aux lignes classiques. Et plus loin, des milliers d'oies et de cochons forment, ceux-ci d'immenses taches roses, celles-là de grandes plaques blanches. Le ventre étalé au soleil, les yeux à demi clos, que les porcs ont l'air heureux ! Leur peau grasse et luisante a de petits tressaillements comme si les mouches qui bourdonnent à leurs oreilles leur chantaient des romances. On ne peut décemment donner le nom de cochons à des animaux de cette espèce, qui rappellent bien plus les compagnons d'Ulysse que le compagnon de saint Antoine.

Le tableau change. Des marécages succèdent aux forêts, et l'on voit en réalité les vaches maigres que Pharaon vit en songe. L'herbe est courte et dure comme les crins d'une brosse ; des buissons rabougris et rechignés mouchettent la plaine roussie par le soleil. Bientôt cependant la terre se présente sous un aspect plein de vigueur et de jeunesse, avec une couronne d'épis dorés au front. Et aux champs de seigle et de froment succèdent des champs de chanvre. La culture du chanvre est une culture nationale qui convient à un pays où l'on a toujours beaucoup de pendus.

Le paysage se peuple. Des groupes de cabanes se montrent, ornées d'une aigrette de fumée, et sur les chemins passent des paysans et des paysannes endimanchés. On en voit aussi qui causent sur le seuil des portes. Nous traversons un pont de bois qui n'en finit pas, sous les chevalets duquel la Drave débordée se divise en plusieurs bras; puis enfin nous entrons dans la Hongrie des Hongrois, dans le pays de l'amabilité, de l'hospitalité et de la beauté, des bons vins et des beaux chevaux. C'est à cette latitude que commencent à se montrer la *bunda*, l'*attilla* à brandebourgs, les bottes, les moustaches et les longues pipes magyares, car nous voici à Zakany, où tout est hongrois : les costumes, la langue, les habitudes, les mœurs. Les physionomies n'ont plus cette douceur slave caressante et un peu féminine; elles sont fortement accentuées, mâles, énergiques, bronzées par le soleil de la *puszta* (1). Les yeux brillent tout noirs, vifs et pétillants sous les sourcils touffus. Le nez est fin et arqué, la lèvre supérieure cachée sous une épaisse moustache, les dents blanches, la chevelure touffue et inculte, la figure osseuse, maigre comme celle de don Quichotte, le corps bien charpenté. Tout cela indique une race souple et robuste, un sang riche et jeune.

Même différence dans les costumes que dans les types. Les femmes croates se croient plus qu'habillées avec une simple

(1) On appelle *puszta* (pousta) les plaines immenses qui sont les savanes et les steppes de la Hongrie.

UN PANDOUR.

chemise; une paysanne hongroise qui n'a que trois jupons s'imagine qu'elle est presque nue. Les hommes, été comme hiver, sont coiffés de bonnets d'astrakan ou de petit chapeaux de feutre aux ailes étroites et relevées; ils portent le gilet fermé, orné de boutons d'argent, et la *szür*, long et ample manteau de drap coupé sur le patron des anciennes dalmatiques. Leur *gatya* (chausses), larges et bouffantes comme les pantalons turcs, flottent à mi-jambes sur la botte fine et bien cambrée. L'originalité de ces costumes, qui varient dans chaque comitat, donne un grand charme aux sites de la Hongrie. On se sent dans un pays qui ne ressemble pas aux autres; où le paysan, ne subissant pas encore l'ignominie de nos modes modernes, a eu le bon esprit de conserver le vêtement de ses pères, la langne et l'amour de sa patrie.

Comme c'était le dimanche, la gare de Zakany était encombrée de villageois et de villageoises : celles-ci détaillant des paniers de fruits, ceux-là fumant leur pipe avec une gravité tout orientale.

A Zakany nous changeâmes de train, après avoir attendu longtemps. Kanisa, que nous laissâmes sur notre gauche, est un petit bourg de douze mille habitants, ignoré et heureux. Dès que nous eûmes quitté cette station, le ciel devint sombre et se voila, et prit à notre égard une attitude des plus refrognées et des plus hostiles. De gros nuages se mirent à fuir effarés sous le fouet d'un vent furieux. La plaine était noire de leur ombre, comme si une immense volée de corbeaux eût projeté sur le sol la nuit de ses ailes. Les feuilles des arbres frissonnaient d'effroi et se hérissaient dans un sentiment de résistance. Au milieu de lugubres craquements, les âmes réveillées des vieux troncs criaient. Des vallées se creusaient dans le ciel nuageux : profondes, bizarres, tourmentées, et, tout à coup, comme si les torrents de ces montagnes aériennes débordaient, une inondation tomba sur la terre avec un bruit de cascade et de trombe. L'horizon s'évanouit, les plans s'effacèrent; un mur gris, formé par les longues hachures de l'averse, s'éleva tout autour de nous et nous enferma comme dans une prison. L'ondée flagellait les vitres de notre wagon et rebondissait sur le toit de tôle avec un bruit de grosses grenaille. Il fait un temps « à ne pas mettre même un parapluie dehors ». Le train s'arrêta, au plus fort de l'averse, à une petite gare perdue au milieu de la plaine, et où il me fallait descendre pour me rendre à Nagy-Atad, et de là à Nagy-Korpad, chez M. L...

Suivant la recommandation de M. L..., qui m'avait écrit à Agram, je lui avais télégraphié l'heure de mon arrivée à la station; mais ce fut en vain que je me fis connaître aux quelques paysans hongrois qui se tenaient à côté de leurs chariots rustiques, enveloppés dans leur *bunda*, dont la peau de mouton était retournée en dedans, et qui fumaient imperturbablement leur pipe, comme si le ciel, au lieu de torrents de pluie, eût versé des flots de soleil.

Le chef de gare vint à mon secours et m'expliqua que ces paysans étaient des voituriers improvisés. N'ayant rien à faire chez eux, ils étaient venus à la station dans l'espoir de trouver quelque voyageur.

— Combien demandent-ils pour aller jusqu'à Nagy-Korpad? fis-je.

Le chef de gare leur traduisit ma demande, à laquelle un seul d'entre eux répondit :

— C'est huit florins.

— Et combien de temps faut-il?

— Six heures.

— C'est bien. Qu'il prenne ma valise.

Grimpant sur l'essieu de la roue, je montai dans le véhicule, dont le panier d'osier était rempli de foin.

Nous allions partir, quand un char arriva à fond de train vers la gare; les chevaux, frémissants, tachés de boue et d'écume, s'arrêtèrent droit devant ceux du chariot, et un grand cocher en livrée bleue de ciel, tout chamarré de brandebourgs, coiffé d'un petit chapeau hongrois et chaussé de hautes bottes, sauta à terre, s'élança vers moi, me prit à bras-le-corps, et me fit passer comme un sac de plumes de la voiture du paysan dans la sienne. Il s'empara avec la même dextérité de ma valise, sauta à cheval, et partit au galop sans dire un mot. Le paysan fut tellement ébahi de cette scène qu'il resta là, bouche béante. Quant à moi je riais tout seul, et je trouvais cette petite aventure tout à fait charmante.

La pluie avait transformé la large route sablonneuse que nous suivions en un fleuve de boue. Parfois les roues du véhicule s'enfonçaient d'une façon alarmante, mais les chevaux, par un violent effort, nous tiraient du mauvais pas. Dans un pays où, comme en Hongrie, la pierre manque partout, il n'y a pas moyen d'entretenir les routes. Les pierres sont même si rares que je me suis toujours étonné de n'en pas voir dans la vitrine des changeurs, à côté des ducats, des bijoux et autres objets précieux. Quand les routes sont trop défoncées, on ne peut voyager qu'avec des bœufs, et il en faut souvent une douzaine pour remorquer un simple chariot. Le voyageur est-il surpris par les pluies dans quelque auberge isolée, il lui est alors impossible de poursuivre son chemin, et il doit attendre, quelquefois des semaines entières, que le soleil ou le vent ait de nouveau séché le sol.

Le chemin était aussi désert que celui qui conduit au logis d'un ami ruiné. Devant moi je ne voyais qu'une longue traînée de boue jaunâtre. En passant près d'un chêne, nous aperçûmes cependant une fillette qui, la robe relevée sur la tête, avait cherché là un abri momentané. Pétœfi a fait d'une petite scène de ce genre une chanson populaire d'une touche vivante et pleine d'émotion : « Sous l'arbre, dit-il, une blonde fille s'est réfugiée, attendant la fin de l'ondée. Du seuil de la grande porte, je la regarde en lui souriant des yeux. — Viens ici et entre, blanche colombe ; viens dans ma petite chambre jusqu'à ce que la pluie ait cessé. Assieds-toi à mes côtés, là, sur ce joli bahut. S'il est trop haut, je t'y mettrai en te portant ; s'il est trop dur, charmante enfant, je te prendrai dans mes bras. »

Enfin, au bout d'une heure, la pluie cessa, les gros nuages qui s'en allaient en flottille vers l'horizon s'amincirent et s'éclaicirent. Le ciel était comme tendu de mousseline sale, à travers les déchirures de laquelle on apercevait les lambeaux de soie bleue fanée. Et bientôt des raies de soleil, de petits coups de lumière se firent jour ; et il y eut à l'horizon comme un rayonnement joyeux d'aurore, et sur la terre comme l'épanouissement d'un sourire printanier. Sous les feuilles que la pluie avait mouillées et qui luisaient de reflets d'argent, on entendait des cris d'appel, des bonds furtifs, de doux frôlements d'ailes. Les insectes recommençaient à bourdonner et les papillons à voler. Les verdures humides étaient couvertes de gros diamants qui étincelaient, irisés des couleurs de l'arc-en-ciel. Et de tous côtés s'ouvraient ces échappées délicieuses de fraîcheur, se montraient des paysages d'une netteté de détail admirable, des champs de blé qui brillaient comme du cuivre poli, des clochers dont la croix argentée s'allumait comme une flamme. Une clarté opalisée, fraîche, rajeunie, remplissait l'air ; et ce n'était plus la voix de la tempête, mais le plaisir de se sentir de nouveau caressée par le soleil, qui faisait tressaillir le terre comme au retour de l'aube.

Ce fut au triple galop que je traversai le petit bourg de Nagy-Atad, dont les maisons toutes blanches ressemblaient à des jeunes filles en robe de percale surprises au milieu du chemin par une averse, et attendant, immobiles sous leurs parapluies comme sous un toit, que les chemins fussent de nouveau praticables et que la pluie eût cessé.

Sur la place du marché, couverte de flaques noires, s'élevaient, à moitié montées, des baraques de marchands forains, le long de leurs hautes perches, des lambeaux de toiles pendaient, flasques et déchirés : on eût dit les mâtures d'embarcations échouées. Et ce qui complétait ce simulacre de naufrage, c'étaient les énormes caisses, les ballots de toutes sortes jetés là, pêle-mêle, comme des épaves.

En sortant du bourg, la voiture monta à droite. Après avoir traversé un petit pont de pierre, elle tourna brusquement : nous étions arrivés.

— Ah ! vous voilà ! s'écria M. L..., apparaissant sur le seuil d'une jolie maison aux volets verts. Si le hasard ne m'avait pas amené à Nagy-Atad, je ne sais pas trop comment vous seriez venu jusque chez moi.

UN BÉTYAR.

— Mais avec un char de paysan. J'avais même conclu le marché, répondis-je.

— Ah ! cher monsieur, vous seriez arrivé demain matin, après avoir passé la nuit dans la boue. Mon cocher vous a-t-il immédiatement reconnu ?

— Au premier coup d'œil... On dirait que vous l'avez dressé comme un chien du Saint-Bernard : il ne me conduit pas, il m'apporte.

Et je racontai à M. L..., qui s'en amusa beaucoup, la scène d'enlèvement qui s'était passée à la gare.

— Venez, me dit M. L..., en me conduisant dans la maison ; je vais vous présenter à M. S..., mon collègue ; c'est le comptable et le caissier de l'administration des domaines que la famille Sina possède dans ce district.

Le Baron Sina, mort il y a quelques années, était un des plus grands propriétaires terriens de la Hongrie. Il ne connaissait pas lui-même, dit-on, l'étendue de ses terres, n'ayant vu, dans sa vie, que cinq ou six de ses immenses propriétés, sur les huit ou dix qu'il possédait.

Nous entrâmes dans la salle à manger, pleine d'enfants ; et, franchissant la porte d'un petit salon, nous trouvâmes réunis là M. S... et sa femme, et madame L... Après avoir causé un instant et pris quelques rafraîchissements, M. L... donna le signal du départ.

— Je vais vous enlever à la vie civilisée ; c'est au milieu du désert, dans la *puzsta*, que je vous conduis, me dit-il.

— Eh bien ! intervint M. S..., moi, je m'oppose à ce départ, et je vais couper les traits de vos chevaux, si vous ne me promettez pas de venir demain, à midi, dîner avec nous. C'est la foire de Nagy-Atád. M. Tissot verra une foire hongroise.

J'acceptai avec enthousiasme, et M. L... se vit obligé d'accepter l'invitation avec moi.

Deux voitures très-légères nous attendaient dans la cour. Madame L... monta dans la première avec sa bonne et l'enfant ; M. L... et moi, nous prîmes place dans la seconde. Les chevaux, vifs et ardents, partirent avec la vitesse de l'éclair. Bientôt, maisons, toits, clochers disparurent à nos yeux. Un steppe immense, une plaine infinie, un océan de terre ferme, une mer de verdure calme, immobile, silencieuse comme une mer morte, déroulait jusqu'à l'horizon ses vastes prairies tout unies, que les champs de blé mouchetaient d'îlots dorés. Près d'un puits en forme de potence, se dressait de temps en temps une hutte de paille. Pas un cri d'oiseau, pas même ce bourdonnement ailé et invisible, qui est comme la voix des champs. Le silence profond de l'immensité !

Nous étions entrés dans la *puszta*. Cs mot hongrois signifie espace vide. Quand cet espace vide est cultivé, — comme c'est le cas ici, — on appelle aussi *puszta* les bâtiments qui servent à l'exploitation agricole du steppe.

Sur la terre noire et épaisse d'un chemin à peine tracé, car ici l'on passe où l'on veut, à travers champs, nous roulions sans bruit comme sur du velours; il me semblait que je venais de pénétrer dans un monde nouveau, et j'éprouvais toutes les sensations délicieuses que vous donne l'attrait de l'inconnu et le charme de l'inédit.

Nous filions toujours avec la même rapidité. Le jour mourait dans un horizon rouge comme le sang. Autour de nous l'atmosphère était blonde, imprégnée de poussière d'or comme au désert; et la nuit arrivait rapide, presque sans crépuscule, de même qu'en Orient. L'incendie allumé par le soleil couchant s'éteignit, et le ciel prit une teinte d'ardoise azurée, sur laquelle les étoiles se détachèrent avec un étincellement d'escarboucles. Au fond de l'horizon, la lune semblait se balancer comme un encensoir de vermeil; et l'on eût dit que la voie lactée était la fumée lumineuse qui s'en échappait. De grands peupliers se dressèrent tout à coup devant nous, projetant leur ombre effilée sur un champ de blé. Les rayons de la lune éclairèrent quelques toits, et j'aperçus, toute blanche comme une tombe de marbre, une jolie maisonnette dont les fenêtres s'éclairèrent et s'ouvrirent à notre approche. La voiture tourna et pénétra dans une cour, où elle fut saluée par les aboiements d'un gros chien: nous étions chez M. L...

II

Dès que le café fut servi, mon hôte m'apporta lui-même une collection de pipes, et nous causâmes encore longtemps, en fumant un tabac turc qui nous enveloppait de ses nuages parfumés. Au dehors, un silence de mort. Pas même un pauvre petit grillon : nous étions comme perdus au fond d'un désert.

— La soirée était tranquille comme celle-ci, et la lune brillait aussi dans son plein, quand il y a dix ans, cette maison fut attaquée par des brigands, me dit M. L... Mon prédécesseur, car c'est à lui que la chose arriva, était assis là où vous êtes; il fumait son chibouk et prenait son café. Tout à coup la porte s'ouvre, trois *bétyars* (1) entrent, tenant leur fusil d'une main et leur couteau de l'autre.

— Si tu bouges, dit celui qui semblait leur chef, tu es un homme mort, donne-nous de l'argent.

— Je n'en ai pas, répondit d'un air resolu le maître du logis.

— C'est ce que nous allons voir, fit le bétyar. Et il se dirigea vers une commode qui était là, dans ce coin.

(1) On désigne sous ce nom les vagabonds et les brigands.

Mon prédécesseur se leva, saisit un couteau resté sur la table et se précipita sur le voleur. Au même moment, un des bandits, qui gardait la porte, lui déchargea son arme en pleine poitrine :

BRIGANDS DANS LA PUSZTA.

il tomba roide mort, baigné dans son sang. Un des tiroirs de la commode renfermait six mille florins, que les brigands emportèrent.

Depuis lors, nous ne gardons plus d'argent chez nous, et nos portes se ferment comme celles des villes au moyen âge, à la tombée de la nuit. Des grilles en fer ont été placées à toutes les fenêtres, et il y a là, dans cette chambre, assez de fusils pour soutenir un siège.

— Vous n'avez pas revu ces brigands ?

— Non; mais j'en ai vu d'autres; car lorsqu'une bande se forme, elle voyage beaucoup, comme les Tziganes. De la forêt de

Bakony elle émigre sur les bords de la Theiss, et s'en va jusque dans les Caparthes. Mais ne croyez pas que nos brigands, dont

FAMILLE TZIGANE DANS LA PUSZTA.

l'espèce a presque disparu aujourd'hui, soient aussi terribles que leur réputation. Il faut savoir les prendre par le bon côté. Si mon prédécesseur avait été plus hospitalier, s'il leur avait donné à boire et à manger, il s'en serait tiré le mieux du monde. Un jour, il y a deux ans, nous étions à déjeuner. Un bétyar entra dans la cuisine, demandant à parler au maître. La cuisinière, pâle et tremblante, vint me prévenir.

J'allumai ma pipe et je sortis. Sur le seuil de la porte je rencontrai un fort bel homme, jeune encore, à la mine éveillée et intelligente, tenant son fusil caché sous son manteau.

— Que veux-tu ? lui dis-je.

— Je voudrais de l'argent, me répondit-il de l'air le plus naturel.

— J'en ai fort peu.

— Oh ! reprit-il en souriant, chez le baron Sina, on a toujours de l'argent.

— Fumes-tu ? lui demandai-je, essayant de donner un autre cours à ses pensées, et voulant avoir moi-même le temps de la réflexion.

— Oui, je fume... surtout quand le tabac est bon...

— Tiens, voici des cigarettes. Sais-tu ce que c'est ?

— Oh ! oui, j'en ai fumé d'excellentes chez les curés.

— Comment es-tu devenu bétyar ?

— On a voulu faire de moi un soldat. Moi, je n'ai pas voulu. Alors on a envoyé les gendarmes pour me prendre. Je me suis sauvé.

— Mais tu n'as pas peur que les Pandours t'attrapent ?

— Non... Les Pandours sont trop poltrons. Ils arrivent toujours trop tard.

Nous causâmes dix minutes ; je glissai un florin dans sa main ; il s'en alla enchanté de moi.

Ils sont tous comme ça : bons diables quand on les reçoit amicalement, et qu'on ne les contrarie pas trop sur leur manière d'envisager le « tien et le mien ».

Le peuple, dont l'imagination épique idéalise la vie du brigand, ne dénonce jamais la présence d'un bétyar, et prend toujours parti pour lui contre le gendarme. Dans de longues veillées d'hiver, on ne raconte pas comme chez nous des contes de fées, comme en Allemagne, mais les exploits légendaires des Sobry, des Mylfait, des Pap, des Juhas, des Patko et des Roza Sandor. Tous ces bétyars sont devenus des héros d'épopées populaires ; et si l'on trouve un livre dans une maison de paysans, c'est le récit de leurs hauts faits.

L'histoire du brigandage en Hongrie est pleine de traits chevaleresques qui révèlent chez les bandits en renom la soif des aventures, la recherche du danger et des actions d'éclat, bien plus que des instincts sanguinaires de meurtre et de pillage. Un jour, un brigand est condamné à mort. Le Pandour qui doit l'accompagner jusqu'au pied de la potence lui fait servir un copieux repas et laisse ensuite échapper son prisonnier. Trois mois plus tard, le même Pandour tombe entre les mains du même brigand, qui le régale de son mieux et lui rend la liberté.

Il y avait plusieurs espèces de brigands; il y en avait de dangereux, comme les *bétyars*, et de presque inoffensifs, comme les *Szégény Légény*, c'est-à-dire « les pauvres compagnons ou pauvres garçons », nom qu'ils se sont donnés eux-mêmes.

Mal payé, mal nourri, le fils de la *puszta* n'aimait pas à servir son roi. Enrégimenté de force, incapable de se plier à la discipline, il prenait bientôt la vie militaire en dégoût, et à la première occasion il désertait. N'osant pas retourner à son village, il se réfugiait dans les forêts ou dans les steppes, où il était obligé, pour ne pas mourir de faim, de dérober de temps en temps une brebis ou un agneau. Monté sur un cheval agile, dont la provenance était toujours irrégulière, — il passait sa vie dans la *puszta*, où il trouvait un gîte tantôt dans une auberge solitaire, tantôt dans la hutte d'un berger ou au pied de quelque meule de blé ou de foin. Le « pauvre compagnon » n'était pas un brigand dans le sens rigoureux du mot; de souche d'honnêtes gens, sa mise était propre et soignée, et il ne déplaisait pas aux jeunes villageoises. C'était le vagabond du steppe, le compagnon aimé des pâtres, qui partageaient volontiers avec lui leur pain et leur lard.

Les *Szégény Légény* n'étaient redoutables que dans les contrées où ils se réunissaient en nombre, et où ils réclamaient l'hospitalité la menace à la bouche.

Quand ils allaient par bandes de vingt ou trente, ils n'avaient pas de chevaux, et leurs armes consistaient en simples bâtons; ils entraient alors comme chez eux dans les maisons isolées pour demander à manger, et ils s'aventuraient même, le dimanche, dans l'auberge du village pour boire et danser. Leur costume ne les distinguait pas des autres paysans et des pâtres. Quant à leur manière de voler elle est souvent originale.

Quand le « pauvre compagnon » n'avait pas vagabondé trop longtemps et que les mauvaises compagnies n'avaient pas fait de lui un bétyar, il finissait par se ranger, s'éprenait d'une jeune fille avec laquelle il se mariait, et devenait un excellent pâtre pour lequel la *puszta* n'avait pas de secrets.

Le bétyar, qui ne ressemblait guère par son pittoresque accoutrement « au pauvre compagnon », était né voleur et se faisait brigand par vocation. Son petit chapeau, ses longs cheveux retombant en boucles noires sur ses épaules carrées, ses sourcils épais, ses grands yeux au regard féroce, sa figure brunie par le soleil, sa longue pelisse en peau de mouton, sa ceinture garnie d'armes, lui donnaient un air sauvage et l'aspect particulièrement sinistre. Il portait tout un arsenal avec lui : un fusil, des pistolets, une hache et un bâton ferré. Il était cependant rare qu'il allât jusqu'à l'assassinat. Le brigand hongrois se contentait de piller les châteaux, de détrousser les voyageurs, de rendre la vie dure aux bouviers de la *puszta* dont la vigilance était impuissante à protéger leurs troupeaux, et de livrer bataille à la gendarmerie. Un cheval qui faisait son affaire n'échappait pas au bétyar. Rusé comme l'Indien, il s'approchait la nuit du pacage et enlevait sans bruit, avec une une dextérité incroyable, le cheval ou la brebis qu'il convoitait. S'agissait-il de voler un porc, il l'attirait à la lisière de la forêt, en lui jetant des épis de maïs, et l'assommait d'un coup de *fokoch*.

Célébrait-on une noce quelque part, le bétyar s'invitait lui-même au festin et choisissait les plus jolies filles pour danser avec elles. S'il lui arrivait quelque désagrément, il était sûr que ses camarades se chargeraient de la vengeance en incendiant quelques bâtiments isolés dans la *puszta*. Il y avait des bétyars qui poussaient l'audace jusqu'à venir attaquer les maisons dans les villages d'une certaine importance. Si on les dérangeait, ils se retiraient en combattant et en tirant des coups de fusil.

Le nombre des brigands augmenta surtout en 1849, sous la domination autrichienne. Avant cette époque, cependant, le voyageur ne pouvait guère éviter la rencontre d'une foule de gibets qui bordaient les routes comme les poteaux télégraphiques aujourd'hui; la loi exigeait que les suppliciés restassent exposés en plein air jusqu'à ce qu'ils tombassent en pourriture. Un voyageur vit un jour, sous un squelette suspendu à une potence, un essaim d'enfants qui s'ébattaient joyeusement. Il fit arrêter sa voiture, et leur dit :

— Mes enfants, vous n'avez donc pas peur de ce vilain squelette?

— Et pourquoi en aurions-nous peur ? lui répondirent-ils, c'était notre père !...

III

Nous étions revenus chez M. L..., et nous achevions de souper, — on dîne au milieu du jour en Hongrie, et l'on soupe le soir à sept heures, — quand la porte de la salle à manger s'ouvrit. Deux hommes, l'un jeune et l'autre vieux, coiffés de larges chapeaux et drapés dans de longues dalmatiques, entrèrent.

— Ce ne sont pas des brigands, me dit M. L..., et je le regrette. Le plus jeune est le juge de la commune, et le plus âgé est son père.

Les deux paysans, après nous avoir serré la main, s'étaient assis. M. L... leur offrit du vin et du tabac. C'est une vieille coutume en Hongrie, datant encore de la domination turque, de présenter aux gens qui viennent vous voir, une pipe ou un cigare. Quand un hôte arrive dans une maison de campagne, le maître du logis le conduit souvent dans une chambre réservée où s'étale une précieuse collection de pipes d'écume, et il le prie de choisir celle qui lui plaît. Les deux paysans, qui n'avaient jamais vu

TZIGANE HONGROIS.

une ville, m'interrogèrent sur Paris, et m'invitèrent à aller les voir chez eux. L'invitation n'était pas de celle qu'on refuse, quand on voyage en pays étranger, mais qu'on provoque. Le lendemain donc, immédiatement après le déjeuner, je montai en voiture avec M. L... et ses visiteurs, et nous galopâmes du côté du village de Nagy-Korpad. Le temps me favorisait ; la journée s'annonçait de nouveau superbe ; l'air était d'une transparence élyséenne, et le soleil déroulait ses larges nappes de lumière comme des champs de blé d'or au milieu des steppes.

Une demi-heure après, nous étions au village, roulant sur le sable d'une large rue que vingt chevaux auraient pu traverser de front. Les maisons se dressaient à la file, à une assez grande distance les unes des autres, toutes blanches, comme des tentes, et à demi cachées dans des massifs d'acacias. Derrière les palissades et les murs de terre, on apercevait de temps en temps la tête curieuse d'une jeune fille ou d'une vieille femme qui nous regardait passer. Des troupeaux d'oies, faisant de larges plaques neigeuses, dormaient au soleil, et des cochons criaient autour de nous avec une familiarité de chiens se promenant dans les rues.

A peine étions-nous entrés dans la maison du juge que j'entendis le bruit d'une porte qui s'ouvrait; je me tournai, et ce que je vis était à la fois une surprise et un délicieux tableau vivant.

Sur un large escalier de bois conduisant à une chambre élevée de deux ou trois mètres au-dessus de celle où nous étions, se tenaient trois jeunes filles en costume national hongrois. Leur taille se dessinait sous le rékli, cette pelisse enjolivée de soutaches et de boutons d'argent, toute frappée de broderie et de fleurs de cuir ouvragé, pareille à un dolman de hussard, et doublée de peau de mouton avec sa laine blanche, chaude et caressante. Leurs jupons superposés, tuyautés de milles plis, descendaient en bouffant, au-dessus de la cheville, sur le bas bien tiré, laissant voir la jambe et le pied chaussé de souliers fermés, aux hauts talons destinés à retenir la cadence dans les évolutions de la czardas. Un tablier noir, garni de dentelles, était noué sur les jupes, et un fichu de couleur voyante jeté autour du cou et sur les épaules. La chevelure, divisée verticalement en raie lisse, se réunissait au chignon en deux superbes nattes qui retombaient sur le dos, entourées de rubans roses et verts, et de petites chaînettes d'argent.

Les jeunes paysannes descendirent de l'escalier, et le juge, avec une bonhomie joviale, me détailla une à une toutes les parties de leur costume.

— Et maintenant, nous dit-il en tirant sa montre, allons chez les Tziganes.

Chez les Tziganes! c'est à dire au fantastique pays de Bohême, au pays de l'insouciance, de la gaieté, du caprice vagabond, de la paresse rêveuse.

Libre comme l'oiseau, voyageur comme le vent, le Tzigane s'en va où son humeur le pousse, au gré de sa volonté ou de sa fanfaisie. Que lui faut-il pour être heureux ? Une brune compagne, du soleil, un tapis d'herbe, un horizon sans barrière, le chuchotement d'un ruisseau dans la mousse, un peu de cette poésie de la vie sauvage qui fait paraître si triste et si monotone la vie civilisée. Là où il trouve de quoi nourrir ses chevaux, et assez de bois pour faire du feu, il dresse sa tente de toile, et passe ses journées couché sur le dos ou sur le ventre, umant sa pipe, « aussi tranquille que si rien ne lui manquait sur la terre », et rêvant, en regardant la fumée se disperser dans les airs, des rêves ineffables. « Dans l'ivresse de leur indépendance, a dit le poète qui les a chantés (1), les Tziganes narguent la misère ainsi que l'injustice du sort; j'ai appris d'eux comment on se console quand le destin vous trahit : on se console en dormant, en fumant et en chantant. »

Dans son apparente misère, ce Mohican de l'Europe reste millionnaire d'illusions, de gaieté, de bonne humeur. Pour lui, le premier des biens, c'est la liberté. Le pays où l'on rêve, où l'on peut se griser de paresse, s'enivrer de musique, voilà sa patrie, le pays qu'il cherche et qu'il adopte! Et où pourrait-il mieux trouver que dans les immenses steppes de la Hongrie, où l'on voyage des journées entières sans rencontrer d'autres êtres vivants que des aigles, des cigognes, des vols de canards et des troupeaux de chevaux sauvages?

Comme le Bédouin, dont il est le frère en vagabondage et en poésie, le Tzigane ne s'enracine pas à la terre, il n'a pas de foyer, même quand il habite une hutte ou une cabane. Sa maison de toile se plie à son gré, et il la transporte d'un point à l'autre comme un vêtement dans un sac. Quelques-uns cependant, comme ceux que nous allions voir, logent dans de petites maisonnettes en dehors des villages, ou se creusent des habitations dans la terre, comme des Troglodytes. Mais le chez-soi a si peu d'attraits pour les membres des tribus errantes, qu'il est bien rare qu'ils passent l'été dans leurs demeures. Ils s'en vont dans les bois ou dans les pusztas, au grand air, au soleil où les poussent le vent et l'amour de la liberté.

Il y a des maisonnettes de Tziganes qui restent fermées des années entières ; un beau jour, la fumée bleue et diaphane sort de nouveau par la porte ; des enfants nus, cuivrés comme de petits Indiens, jouent avec un gros chien, à museau de loup, d'une saleté repoussante; un homme décharge une charrette encore attelée de deux chevaux maigres, et une femme, la pipe à la bouche, à demi vêtue d'un jupon et d'une chemise déchirés, s'en va avec un vieux baquet, puiser de l'eau à la citerne. La famille est revenue, mais ce n'est pas pour longtemps; un matin, la maisonnette est de nouveau close : les oiseaux de passage se sont envolés!

Nous avions dépassé les dernières maisons du village, et nous étions en pleine campagne. Au loin, dans la puszta, les pâtres étaient occupés à préparer leur repas matinal. Le chemin fit une courbe, et une petite maison aux murs blancs percés de deux fenêtres, et coïffée d'un casque de chaume, se dressa devant nous près d'un bouquet d'accacias.

(1) Lenau, auteur du *Cabaret dans le steppe*, des *Trois Tziganes*, etc.

A quelques pas de la maisonnette isolée paissait un cheval efflanqué; un homme aux longs cheveux et au teint basané fumait sa pipe en se promenant. Sur le seuil, une jeune femme coiffée d'un mouchoir rouge, assez proprement mise, les bras dénoués dans une attitude de paresse, tournait ses yeux de notre côté, d'un mouvement d'attente.

La voiture s'arrêta; nous mîmes pied à terre.

La Bohémienne n'avait pas bougé; elle était toujours appuyée

TYPES TZIGANES.

contre la porte, avec une nonchalance pleine de grâce et de rêverie.

Elle justifiait la réputation de beauté qu'ont la plupart des femmes de sa race lorsqu'elles sont jeunes. Comme chez les peuples dont le sang ne s'est pas mélangé, il y a une extrême ressemblance de types entre presque toutes les Bohémiennes. Leur peau transparente, fine, polie comme de l'agate, au grain solide, fait merveilleusement ressortir la pureté de leurs traits. Leurs grands yeux noirs, dans lesquels le soleil de l'Asie a laissé son reflet brûlant. vous fascinent de leur long regard.

— Entrons, fit le juge.

La Tzigane s'écarta en souriant, et nous pénétrâmes dans la

VIEILLE TZIGANE.

maisonnette, qui se composait d'une unique chambre, et dont la propreté me frappa. J'en fis la remarque à notre guide, qui m'avoua qu'il avait annoncé la veille notre visite.

Quant à l'ameublement, il n'existait pas. Il faut qu'un Bohémien soit riche pour qu'il orne sa demeure de tables, de chaises et d'un lit. Il s'assied, mange et se couche par terre.

Au milieu de la pièce, un pot de grès, placé sur un tas de braise, bouillait.

Le Tzigane n'a pas d'heure fixe pour ses repas; il mange à la façon des sauvages, quand il a faim. Sa cuisine, qui n'a pas la variété de celle du baron Brisse, se compose généralement de pommes de terre, de lait et de lard; elle a cependant aussi ses raffinements. Les hérissons, les renards, les écureuils, les chats sont pour les Bohémiens des régals princiers. Il dresse ses chiens à chasser le hérisson et le renard. Ces deux viandes ne se préparent pas de la même manière. Le hérisson, dépouillé de ses piquants, est frictionné d'ail, lardé d'oignon, embroché et exposé au feu vif; comme cet animal est très gras, il a la chair fort succulente. Le renard, après avoir été exposé pendant deux jours dans une eau courante, est cuit sous la cendre, dans un trou tapissé de feuilles vertes. Les Tziganes sont aussi très friands de la viande des animaux crevés; quand ils apprennent qu'un incendie a éclaté quelque part, ils s'empressent d'accourir, pour s'emparer des bêtes enfouies sous les décombres. De même que les Orientaux, ils ne connaissent pas d'autre manière de manger qu'avec leurs doigts.

Il y a encore en Hongrie cent cinquante mille Tziganes. Ces éternels vagabonds, indifférents depuis tant de siècles à tous les progrès de la civilisation, ces rois fainéants de la solitude, comme on les a appelés, errant pour la plupart sans feu ni lieu, avec leurs charettes traînées par des chevaux poussifs, et escortées de femmes aux vêtements bizarres, de jeunes filles et d'enfants nus, regardent maintenant ce pays comme leur patrie (1).

(1) En Moldo-Valachie, les Tziganes étaient encore il n'y a pas longtemps regardés comme des bêtes de somme et traités en esclaves. Voici l'annonce que publiait en 1845 les journaux de Bucharest : « Les fils et héritiers de feu le serdar Nika, de Bucharest, exposent en vente deux cents familles de Tziganes. Les hommes exercent les métiers de serrurier, orfèvre, cordonnier, musicien et agriculteur. On ne vendra pas moins de cinq familles à la fois; par contre, le prix demandé est d'un ducat meilleur marché que le prix ordinaire. Facilités de paiement. »

Un voyageur anglais, Walsh, qui parcourut la Valachie et la Moldavie en 1825, dit que lorqu'un Tzigane appartenant à un boyard était tué par son maître on n'y prenait pas garde; si le meurtre était commis par un étranger, celui-ci était frappé d'une amende de quatre-vingt florins. Les fautes légères que commettaient les Tziganes étaient punies par la bastonade sur la plante des pieds, ou par l'application d'un masque de fer dans lequel on leur enfermait la tête pour un temps plus ou moins long. Ce châtiment empêchait la victime de manger et de boire. Ceux qui avaient commis quelque larcin étaient attachés par le cou et les bras à une planche qu'ils portaient sur les épaules, et qui devait ressembler beaucoup à la *cangue* chinoise.

Jusqu'ici tous les essais de civilisation tentés sur eux ont été inutiles. On n'a pu les séduire ni par l'appât de l'or ni par d'autres promesses. Leur nature sauvage finit toujours par reprendre le dessus. On raconte à ce sujet des annecdotes bien caractéristiques.

Un Tzigane, parvenu au grade d'officier supérieur dans l'armée autrichienne, disparut un beau jour. On le rencontra six mois après avec une bande de Bohémiens qui campaient dans les steppes.

Un jeune paysan slovaque avait épousé une belle Tzigane. Quand il s'absentait, sa femme se sauvait dans les bois, dormait à la belle étoile, se nourrissait de hérissons, comme au temps où elle errait libre avec sa tribu.

Liszt aussi voulut apprivoiser un petit Tzigane; il le prit avec lui à Paris, lui donna des maîtres; mais l'écolier fut intraitable et ne supporta pas la température de notre société. « Nous le fîmes venir à Vienne, dit Liszt, pour qu'il pût y rejoindre les siens s'il en avait le désir. Lorsqu'il les revit son ravissement n'eut pas de bornes, et l'on crut qu'il allait en devenir fou. »

Le Tzigane a horreur de la contrainte, du travail, de tout ce qui lie l'homme au sol et circonscrit le cercle de son activité et de ses mouvements. Aussi la langue des Bohémiens n'a-t-elle pas d'expression pour dire : *demeurer*. La plupart des métiers qu'ils exercent sont des métiers ambulants : ils sont maquignons, vétérinaires, étameurs, maréchaux, cloutiers, montreurs d'ours, et avant tout, mendiants.

Quand vous passez en voiture sur une route hongroise, vous voyez tout à coup déboucher des buissons derrière lesquels ils campent, des Tziganes nus et beaux comme ees bronzes antiques, et qui vous suivent en faisant la roue, quelquefois pendant une demi-heure, jusqu'à ce que vous leur ayez jeté une pièce de monnaie. Dans les rues des villes, les vieilles Bohémiennes à qui vous faites l'aumône vous disent avec effusion : « Mon beau, mon cher, mon noble gentilhomme, vous êtes bon comme une croûte de pain. »

Le Tzigane s'est donné lui-même le nom de « pauvre homme » (*Tschorelo rom*). La mendicité est une habitude si enracinée chez eux, que les riches Bohémiens qu'on rencontre conduisant des chevaux de race, et portant des bijoux, des chaînes d'or et des bagues, des cannes à pomme d'argent, ne peuvent s'empêcher de tendre la main. Leurs femmes disent la bonne aventure, vendent des philtres, ou exercent le métier de saltimbanques et de bayadères.

Les Bohémiens remplissent aussi volontiers les fonctions de bourreau on de valet de bourreau, et ils s'entendent mieux que personne à inventer et à varier les tortures.

On avait offert un jour cinq florins à un Tzigane pour pendre un criminel condamné à mort.

— Oh! c'est beaucoup trop, s'écria le Bohémien en s'adressant aux juges; pour cinq florins, je me charge bien de pendre tous ces messieurs.

Il est rare que le Tzigane se fasse comédien. Il y en a cependant qui montrent des théâtres de marionnettes et composent les pièces populaires qu'ils jouent.

Les gens de la campagne croient encore que les Tziganes peuvent, au moyen de formules magiques, éteindre les incendies, préserver les maisons du feu, découvrir les sources et les trésors, et guérir les maladies. Ils sont surtout d'habiles maquignons, connaissant à fond l'art de rendre la vigueur et la souplesse à une vieille rosse poussive. Joseph II leur interdit d'une manière absolue le commerce des chevaux (1). On me montra un jour dans la rue, à Szegedin, un maquignon Tzigane dont la fortune s'élevait à deux ou trois cent mille francs.

Comme il n'y a pas de règle sans exception, quelques-uns d'entre eux ont cependant fini par abandonner la vie errante et sont devenus plus ou moins sédentaires.

En Transylvanie, on en rencontre qui sont des paysans actifs et intelligents,

D'autres exercent le métier de fabricants de brosses, de sculpteurs sur bois; ils sont aussi tuiliers, maçons, ramoneurs, forgerons, cordiers, orpailleurs, dentistes et musiciens.

Grands buveurs d'eau-de-vie, ils partagent avec leurs femmes la petite bouteille que celle-ci va faire remplir chez le cabaretier juif, dès que quelques kreutzers sont entrés à la caisse commune.

On peut diviser les Tziganes hongrois en trois classes : ceux qui vont tête et pieds nus; ceux qui se coiffent et se chaussent le dimanche; et ceux qui vont toujours coiffés et chaussés. Les premiers sont des Bohémiens errants; les seconds des Bohémiens semi-nomades, c'est-à-dire qui ne se déplacent qu'à certaines époques; et les derniers sont sédentaires. Ce sont les plus civilisés. Ils suivent généralement la carrière assez lucrative de musicien. Ils exellent dans l'exécution des airs hongrois; et dans un pays où ils sont les dépositaires de l'art national, ils jouissent d'une popularité facile à comprendre.

Il n'y a pas de fête ni festin sans orchestre tzigane.

Ils marchent en tête des cortèges électoraux, ils sont de toutes les réjouissances publiques; sans eux une noce ne pourrait pas se faire, et aucun bal n'aurait lieu. Ces artistes, d'une nature plus insouciante que celle de l'oiseau, incapables de garder le lendemain ce qu'ils ont gagné la veille, jouent d'inspiration, avec une verve

(1) *Equis uti nulli Zingarorum, præter aurigatores, licitum est sed et his permutationes interdictæ sunt.*

et un brio inimitables, sans connaître même les notes, sans rien savoir des procédés ni des expédients qui s'apprennent des maîtres.

« L'art, a dit Liszt, qui les a étudiés de près, l'art étant pour eux

LE JUGE DE NAGY-KORPAD.

un langage sublime, un chant mystique, mais clair aux initiés, ils s'en servent suivant les exigences de ce qu'ils ont à dire, et ne se laissent influencer dans leur manière de parler par aucune raison intrinsèque. Ils ont inventé leur musique, et l'ont inventée pour leur propre usage, pour se parler, pour se chanter eux-mêmes à eux-mêmes, pour se tenir les plus intimes, les plus touchants monologues. »

Leur musique est aussi libre que l'est leur vie. Pas de modulations intermédiaires, pas d'accords, pas de transition. Il vont sans préparation d'une tonalité à une autre; des hauteurs éthérées du ciel, ils précipitent d'un coup dans les gouffres hurlants de l'enfer; de la plainte qui soupire, ils passent brusquement à la chanson guerrière qui éclate; fougueuses et tendres, à la fois ardentes et calmes, leurs mélodies vous plongent dans une rêverie mélancolique ou vous emportent dans un tourbillon vertigineux; elles sont l'expression la plus fidèle du caractère hongrois : vif, brillant et chaleureux, ou triste et apathique.

A leur arrivée en Hongrie, les Tziganes n'avaient pas de musique Ils se sont appropriés la musique magyare et en ont fait un art original qui leur appartient, un art plein d'élan, de fougue, de rires et de larmes.

De tous les instruments, celui que les Tziganes préfèrent, c'est le violon, qu'ils appellent *bas'alja :* le roi des instruments; ils jouent aussi de la basse, du cymbalum et de la clarinette. Quelques-uns ont même pincé de la harpe avec un art magistral; mais jamais aucun d'eux n'a voulu apprendre le piano, cet instrument lourd, immobile. qu'on ne peut ni mouvoir ni presser avec passion dans ses mains et contre son cœur.

Les Tziganes, chez qui l'être sensitif est si développé, ont-ils un culte religieux déterminé?

Non: ils n'ont ni dogmes ni croyances, ni superstition ni préjugés. Ils vivent comme la plante, sans autre but que celui de se reproduire et sans autres aspirations que celles de ne pas mourir de froid et de faim. Un proverbe Hongrois dit : « Leur église a été construite avec du lard; les chiens l'ont mangée. »

Malgré leur piété pour les morts, ils ne croient pas à l'immortalité de l'âme. *Api mutende!* (Par les morts!) est chez eux un serment sacré. Un Tzigane ne passe jamais auprès de la tombe d'un des siens sans y répandre quelques gouttes de bière, d'eau-de-vie ou de vin. Ils ne sont pas même païens, puisqu'ils n'adorent rien. Ils n'ont que quelques pressentiments vagues de bonheur ou de malheur lorsqu'ils rencontrent certains oiseaux ou qu'ils entendent le tonnerre. Ils regardent la terre comme la source de tous les biens, et la considèrent comme un objet sacré. Ils se font sur le Dieu des chrétiens les idées les plus extravagantes; ils croient que Dieu le Père est mort, et que c'est son fils qui lui a succédé. « J'ai assisté, dit Richard Liebich (1), à une singulière controverse qui s'éleva un jour à ce sujet entre un Tzigane et sa femme. Celle-ci prétendait que Dieu le Père n'avait qu'abdiqué entre les mains de

(1) *Die Zigeuner in ihrem Wesen und in ihrer Sprache*, 1863.

son fils, et qu'il vivait encore, tandis que l'homme affirmait que Dieu le Père était mort, et qu'un jeune dieu qui n'était pas son fils, mais l'enfant d'un charpentier, avait usurpé son trône. »

Cette confusion enfantine des notions les plus élémentaires du christianisme s'explique par la facilité et l'indifférence avec lesquels les Tziganes adoptent la religion du pays où ils se trouvent.

Les Tziganes changent de religion plus souvent que de chemise, attendu que celle-ci leur manque ordinairement. Sont-ils parmi des catholiques? si on leur promet quelque cadeau, ils se font vite baptiser et fréquentent les offices. S'ils vivent parmi les musulmans, ils mettent le même empressement à subir la circoncision. Le Tzigane nomade est aujourd'hui luthérien ou calviniste; demain, il sera catholique; et après-demain, grec orthodoxe. Tout dépend de son étape et du prix que l'on met à sa conversion. Ses enfants ont tous été baptisés quatre ou cinq fois, dans les villages de religion différente.

Tous les sept ans, les tribus se réunissent autour de leur chef suprême pour reçevoir ses ordres.

L'élection d'un voïvode se fait par le suffrage universel. Dès que le nom de l'élu est proclamé, on le couvre d'applaudissements et d'acclamations ; les musiciens jouent avec frénésie, et l'on pose solennellement sur sa tête un tricorne galonné d'argent, insigne de sa dignité. Puis on lui présente sur un plat décoré de fleurs une cruche de vin, qu'il boit d'un trait et brise ensuite en morceaux. Le nouveau chef adresse alors une longue harangue aux assistants; il les engage à respecter les lois de leur peuple; et chacun vient à son tour lui serrer la main en marque d'adhésion et d'obéissance. La réunion se termine par un grand festin, par des danses et par les cris répétés : *O baridir tschatshopaspéro rahodschi do!* « Que notre chef vive de longues années! »

Le Bohémien (1) est le plus bel exemple de sélection naturelle que je connaisse. Au milieu des hasards de cette vie de vagabondage par tous les temps et toutes les saisons, ceux qui ne sont pas taillés pour le combat de la vie restent en chemin et meurent. Ceux qui survivent sont magnifiques, d'une vigueur de constitution exceptionnelle. Ils résistent à toutes les maladies et à toutes les épidémies. On n'a jamais vu un Bohémien atteint de la goutte ou du rhumatisme. A moins qu'ils ne soient tués par un accident, ils meurent de leur belle mort, à un âge extrêmement avancé. S'ils tombent malades, ils refusent tout médicament; ils ne connaissent qu'un seul remède, l'eau-de-vie, les oignons et le safran. Leurs plaies et leurs blessures guérissent toutes seules, avec une rapidité inouïe, par la seule force du sang.

(1) En France, on les appelle *Bohémiens*, parce que les premiers qu'on y vit venaient de Bohême : *Galli Bohemos vocant, quod indidem ex Bohemia primos illorum esset notitia.* (Velcanus, Ludgd., 1597.)

D'une taille souple, élancée, le Tzigane dépasse rarement la grandeur moyenne. On ne découvre sous la peau bronzée ni le réseau de ses veines ni le jeu de ses muscles. Ses joues ne se colorent jamais, même dans la colère. Sa face est ovale; ses yeux noirs et profonds sont ombragés de longs cils; son regard mobile a une expression sauvage et mélancolique; sa bouche est belle; ses lèvres arquées, sa barbe, peu épaisse, ses dents petites, serrées, d'une blancheur éblouissante, que ne peuvent ternir ni les aliments trop chauds ni l'abus du tabac : car après sa liberté, la chose que le Tzigane aime le mieux au monde, c'est sa pipe.

Quand il a réussi à satisfaire sa faim, s'il lui reste assez de tabac pour bourrer sa pipe, le Bohémien ne se sent plus d'aise, et sa figure rayonne de contentement et de plaisir.

Vieillards, femmes, enfants, tout le monde fume dans la tribu tzigane; il n'y a pas de jouissance terrestre qui vaille pour eux celle-là. Un Bohémien condamné au gibet demandera toujours comme dernière faveur, de fumer sa pipe.

Les Tziganes moins heureux que les juifs, auxquels on les a souvent comparés, n'ont en Hongrie aucun droit politique; ils sont encore regardés comme des hôtes, comme des hommes qui campent en dehors de la société : comme les membres d'une caste inférieure, bien que leur musique soit revendiquée par les Hongrois comme un art national.

Un savant et illustre Hongrois, M. le comte et député Eugène Zichy, s'est élevé au nom de la science, qui n'admet pas de distinction sociale, et au nom de l'humanité, contre l'ostracisme dont les Tziganes sont victimes dans un pays où ils se sont en quelque sortes fondus avec la nation; mais bien des années passeront avant que les préjugés qui règnent, même en Hongrie, à l'endroit des Bohémiens, s'effacent complètement.

Victor Tissot.

TYPE TZIGANE.

www.ingramcontent.com/pod-product-compliance
Ingram Content Group UK Ltd.
Pitfield, Milton Keynes, MK11 3LW, UK
UKHW022200190726
13855UKWH00004B/1553

9 782013 077330